Dein Sterbedatum und die Todesursache
Erfahre mehr über Dein Ende

AF221218

Mutter Hautberg

Dein Sterbedatum und die Todesursache

Erfahre mehr über Dein Ende

Bibliografische Information der Deutschen Nationalbibliothek
Die Deutsche Nationalbibliothek verzeichnet diese Publikation in der Deutschen Nationalbibliografie; detaillierte bibliografische Daten sind im Internet über http://dnb.d-nb.de abrufbar.

ISBN   9783755731023

9,99 Euro

Lieber Lebende,

bald schon oder erst später wirst Du diesen
Planeten verlassen und ins Himmelreich reisen.
Dort ist Dein Sterbedatum längst festgelegt und
natürlich auch Deine Todesursache.
Durch Kontakte ins Himmelreich habe ich
mehrere Daten erhalten.
Natürlich nur zu den Menschen, die dieses Buch
kaufen werden.
Auf unzähligen Seiten stehen verschiedene
Ursachen und Daten.
Du musst nun einmal wahllos blättern, das Buch
aufschlagen und dort steht Deine Todesursache
und auch das Datum.
Fertig.

Zweifele nicht an den Informationen und Du wirst
diesen Tod umgehen können und weitere Jahre
leben können.

Toll oder?

Deine

Mutter Hautberg

Im Getränkefachhandel fällt Dir eine Kiste auf den Kopf.

11.02. 2041

2000 Wespen finden Dich unsympathisch

26.11. 2038

Du trinkst aus einem Bach und infizierst
Dich mit einem RegenwurmVirus

01.02. 2026

Du landest im Gefängnis und in der MehrmannZelle ist niemand auf Dich gut zu sprechen.

22.11. 2041

Du übertreibst es mit Alkohol oder einer anderen Droge.

15.03. 2038

Eine gewaltige Kältefront zieht über das Land. Du hast tagelang nichts gegessen und bist nackt.

14.08. 2077

Eine Affenbande reißt Dir das Geschlechtsteil ab, Du verblutest und wirst verspeist.

18.04. 2044

Du spazierst und vom Baum fällt ein
riesiger Ast.

05.05. 2033

Du feierst Deinen Geburtstag aber statt
Du die Kerzen auf Deiner Torte
auspustest, pusten diese Dich aus.

11.09. 2040

Bei einem Straßenraub bist Du das Ziel
und versuchst Dich zu wehren.

11.01. 2042

Krebs

30.01. 2025

Eine Zahnfleischentzündung breitet sich
auf Deinen gesamten Schädel aus.

31.01. 2030

Eine zu gute Rasur führt zu Kopfverlust.

22.02. 2033

Eine Geschlechtskrankheit von einem anderen Planeten hat Dich flachgelegt. Im Jahr 2030 landen die ersten Außerirdischen und Du hast die Lebewesenfreundschaft zu gut gemeint.

17.08. 2033

Beim Reiten fällt eine sehr dicke Frau auf
Dein Gesicht und Du erstickst.

08.04. 2037

Während einer Unruhe bist Du zur
falschen Zeit am falschen Ort.

01.01. 2038

Du bist auf Kreuzfahrt und bist so betrunken, dass Du irgendwie im Maschinenraum landest und Dich dort von einer Quetsche flachen lässt.

15.04. 2066

Auf dem Flohmarkt wirst Du angerempelt und landest in einer Motorsäge, die gerade vorgeführt wird.

13.06. 2034

In Deiner Wohnung wird eingebrochen
und sie nehmen Deine Organe mit.

22.12. 2046

Du bist tauchen, gerätst in einen
Zeitstrudel und somit wächst die
Tauchermaske in Deinem Gesicht ein.
Eine aufwendige Operation führt zu
einem Herzstillstand.

07.11. 2051

Du wanderst, fällst in ein Loch und bist
tot.

28.10. 2032

Du stolperst und fällst auf die Ecke einer Mikrowelle. Nachbarn melden Gestank aus Deiner Wohnung nach drei Monaten.

03.12. 2044

Du hast dieses Buch gekauft, willst es von der Post abholen und hast einen Autounfall.

Heute.

Du gerätst mit Deinen Haaren in eine Rührmaschine und Dein Gesicht wird mit hineingezogen.

25.11. 2032

Was erwartest Du, wenn Du Dir 12
ZitterAale einführst?

10.12. 2029

Blitzeinschlag

11.04. 2041

Du unterschätzt eine Pudelzüchterin und ihre Hunde

21.07. 2042

Ein neuer Schal wird von Dir getragen, aber löst eine allergische Reaktion am Hals aus. Er verdickt sich so stark, dass Du nicht mehr atmen kannst. Jede Hilfe kommt zu spät.

12.07. 2051

Erst Blut im Stuhl und dann Blut auf Stuhl.

17.05. 2035

Weil Du Deine Meinung gesagt hast, wirst
Du öffentlich hingerichtet.

07.09. 2050

Ein Wildschwein reagiert über.

08.032. 2044

Du tötest jemanden bei Fortnite, machst einen Tanz, aber der Getötete findet Deine reale Adresse heraus.

11.11. 2033

Deine Stalkerin flippt so richtig aus und
wenn sie Dich nicht haben kann, dann …

05.02. 2057